GUIDE PRATIQUE

POUR L'EXÉCUTION

DE LA

LOI SUR LE TIMBRE DES QUITTANCES

MIS AU COURANT

DE LA JURISPRUDENCE

ET DES

DÉCISIONS ADMINISTRATIVES

1877

LIMOGES

IMPRIMERIE CHATRAS & Cie.

SE VEND

chez tous les Libraires de la Hte-Vienne, de la Creuse, de la Corrèze

ET AU BUREAU DU *Courrier du Centre.*

Droit de Reproduction réservé.

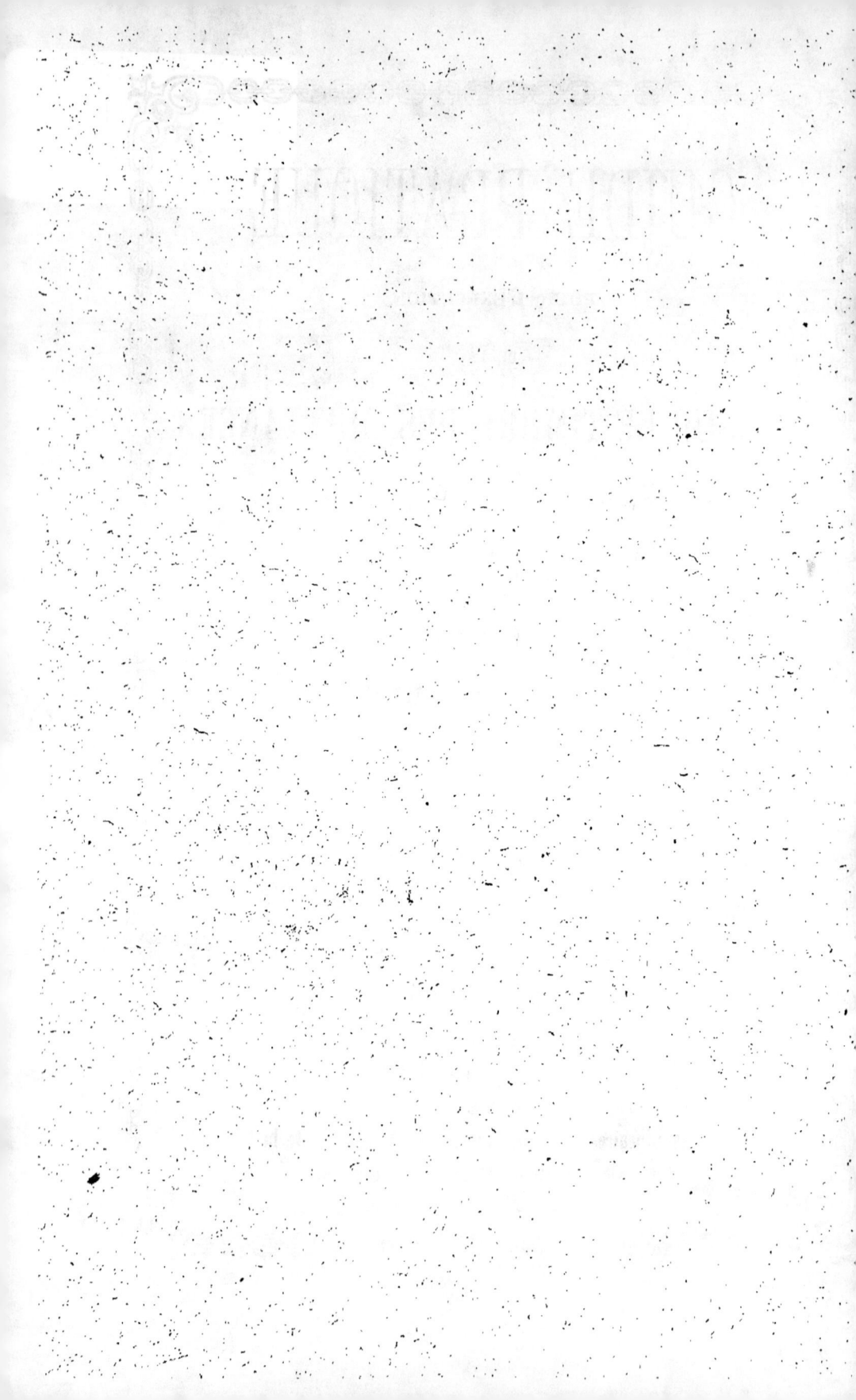

GUIDE PRATIQUE

POUR L'EXÉCUTION

DE LA LOI SUR LE TIMBRE DES QUITTANCES

La loi sur le timbre des quittances est en vigueur depuis déjà cinq ans et ses dispositions essentielles paraissent avoir échappé à l'attention du plus grand nombre.

En présence des nombreuses contraventions constatées depuis quelque temps en cette matière, il nous a paru opportun de réunir dans un même contexte, d'un format facile à manier, les loi, décret et décisions administratives ou judiciaires, relatifs à l'application de ce nouvel impôt.

L'exemple est, dit-on, le meilleur des enseignements, mais les leçons données par la seule expérience, quelques-uns les paient toujours trop cher.

Quoique nul ne soit censé ignorer la loi, nous estimons qu'il vaut mieux pour le contribuable — le plus intéressé dans la question — avoir sous la main les renseignements capables de lui indiquer, avec tous les détails nécessaires, les nuances multiples de ces règlements nouveaux insuffisamment compris jusqu'à ce jour.

L'impôt dont il s'agit est le moins lourd de tous

ceux qui ont été introduits dans notre législation fiscale depuis 1871.

Il est appelé à fournir à l'Etat des ressources d'une importance réelle, dès que le public, cessant de considérer la loi comme facile à éluder, ne se dispensera pas de l'exécuter rigoureusement.

Ce moment ne semble pas éloigné.

On croit généralement que l'administration ne dispose pas de procédés légaux efficaces pour découvrir les infractions commises dans les innombrables transactions usuelles. C'est une erreur.

Si les mesures rigoureuses n'ont pas atteint jusqu'à ce jour un grand nombre de contrevenants, les occasions se multipliant à l'infini, les circonstances les plus inattendues se chargent tout naturellement d'assurer la sanction de la loi.

On ne doit pas perdre de vue, d'autre part, que pour faciliter la découverte des contraventions, il n'est pas demandé compte aux verbalisants des moyens par lesquels les irrégularités sont parvenues à leur connaissance. Il suffit que les pièces saisies soient représentées.

Aussi, l'imprévu ne manque-t-il pas de procurer à la répression des moissons abondantes. Nous citerons au premier rang des circonstances favorisant ces découvertes : la nécessité pour les plaideurs de produire en justice des titres libératoires assujettis à l'enregistrement préalable ; la perte malencontreuse, dans un lieu public, de papiers ou actes passibles du timbre ; comme corollaire, le dépôt dans les bureaux de police de portefeuilles, vêtements ou autres objets égarés renfermant des documents irréguliers ; les vérifications opérées dans les gares, bureaux d'octroi ou de messageries, de colis suspectés de transport illicite de correspondances ou de matières soumises à un droit de circulation ; enfin, et peut-être les plus dangereuses, les perquisitions domiciliaires, pratiquées par autorité de justice, à la suite de crimes ou délits.

Telles sont les mines de procès-verbaux les plus or- dinaires et en même temps les plus redoutables que nous n'hésitons pas à signaler à l'attention des inté- ressés.

On peut ajouter : avis aux fraudeurs avec ou sans préméditation.

Un danger tout aussi sérieux menace les contribua- bles de bonne foi. Ce sont évidemment les plus à plain- dre, et, comme ils sont les plus nombreux, nous pen- sons qu'ils nous sauront gré de les éclairer.

Pour donner à la loi une efficacité certaine, il a fallu prescrire un mode d'emploi du timbre mobile, suscep- tible de prévenir la fraude, comme en matière de timbres-poste. On a imposé au créancier, c'est-à-dire à celui qui donne et signe la quittance, le reçu ou la décharge, l'obligation d'apposer sur la pièce créée par lui, un timbre mobile de 10 centimes, immédiatement oblitéré au moyen de l'inscription de la date et de la signature.

Le débiteur est responsable des 10 centimes vis-à- vis du créancier, mais celui-ci se trouve seul passible des amendes, sa responsabilité étant engagée à cet égard, sans aucun recours contre le débiteur. (Art. 23 de la loi du 23 juin 1871.)

Pour que l'oblitération du timbre soit parfaite et ne puisse être critiquée, il est indispensable que la date entière, y compris le millésime, soit inscrite ou repro- duite sur le timbre mobile. La signature, ou, au moins une partie de la signature, doit couvrir le tim- bre mobile et se répandre sur le papier.

Voici, au surplus, comment nous comprenons une oblitération complète :

On voit que la date est toujours inscrite *en entier* sur le timbre mobile.

On s'est demandé si le timbre seul doit porter la date et la signature, et s'il ne faut pas aussi reproduire cette double inscription sur l'écrit lui-même.

Nous pensons qu'il est bon d'établir les reçus datés et signés, comme s'ils ne devaient pas recevoir le timbre mobile, puis d'apposer ce timbre et de l'oblitérer suivant l'un des modes ci-dessus indiqués.

Ce n'est pas à dire que si la quittance était formulée autrement, elle renfermerait une irrégularité. Mais il est préférable, à notre avis, au point de vue des intérêts de celui qui reçoit la quittance, que la date et la signature soient inscrites d'abord sur l'écrit, ensuite répétées sur le timbre, car si celui-ci était enlevé, ces indications précieuses disparaîtraient avec lui. De même, en reproduisant la date et la signature sur le timbre, il est indispensable de laisser sur le papier des traces très apparentes de la signature, pour le cas où le timbre mobile viendrait à disparaître à son tour.

Ces garanties, dont chacun peut apprécier l'importance, se rencontrent d'ailleurs dans l'oblitération autorisée avec un timbre humide portant une raison sociale déterminée, encadrant, au centre, une date mobile. (Voir art. 2 du décret du 27 novembre 1871).

Nous aurons terminé ce travail qui ne comporte pas de longs développements et nous aurons atteint notre but — du moins nous en avons l'espoir — lorsque nous aurons recommandé la lecture attentive des interprétations administratives ou judiciaires ci-après, qui constituent un commentaire aussi complet que possible de la loi du 23 août 1871, en l'état actuel de cette législation toute spéciale.

Extrait de la Loi du 23 Août 1871.

Art. 18. — A partir du 1er décembre 1871, sont soumis à un droit de timbre de 10 centimes : — 1° les quittances ou acquits donnés au pied des factures et mémoires, les quittances pures et simples, reçus ou décharges de sommes, titres, valeurs ou objets, et généralement tous les titres de quelque nature qu'ils soient, *signés ou non signés*, qui emporteraient libération, reçu ou décharge ;

2° Les chèques, tels qu'ils sont définis par la loi du 14 juin 1865, dont l'article 7 est et demeure abrogé. — Le droit est dû pour chaque acte, reçu, décharge ou quittance ; il peut être acquitté par l'apposition d'un timbre mobile, à l'exception toutefois du droit sur les chèques, lesquels ne peuvent être remis à celui qui doit en faire usage sans qu'ils aient été préalablement revêtus de l'empreinte du timbre à l'extraordinaire. — Le droit de timbre de 10 centimes n'est applicable qu'aux actes faits sous signatures privées et ne contenant pas de dispositions autres que celles spécifiées au présent article.

Art. 19. — Une remise de deux pour cent sur le timbre est accordée, à titre de déchet, à ceux qui font timbrer préalablement leurs formules de quittances, reçus ou décharges.

Art. 20. — Sont seuls exceptés du droit de timbre de 10 centimes : — 1° les acquits inscrits sur les chèques, ainsi que, les lettres de change sur billets à ordre et autres effets de commerce assujettis au droit proportionnel ; — 2° les quittances de 10 francs et au-dessous, quand il ne s'agit pas d'un à-compte ou d'une quittance finale sur une plus forte somme ; — 3° les quittances énumérées en l'article 16 de la loi du 13 brumaire an VII, à l'exception de celles relatives aux traitements et émoluments des fonctionnaires, officiers des armées de terre et de mer, et employés salariés par l'Etat, les départements, les communes et tous les établissements publics ; — 4° les quittances délivrées par les comptables de deniers publics, celles des douanes, des contributions indirectes et des postes, qui restent soumises à la législation qui leur est spéciale. — Toutes autres dispositions contraires sont abrogées.

. . . .

Art. 23 — Toute contravention aux dispositions de l'article 18 sera punie d'une amende de 50 francs. L'amende sera due par chaque acte, écrit, quittance, reçu ou décharge, pour lequel le droit de timbre n'aurait pas été acquité. — Le droit de timbre est à la charge du débiteur ; néanmoins, le créancier qui a donné quittance, reçu ou décharge en contravention aux dispositions de l'article 18, est tenu personnellement et sans recours, nonobstant toute stipulation contraire, du montant des droits, frais et amendes. — La contravention sera suffisamment établie par la représentation des pièces non timbrées et annexées aux procès-verbaux que les employés d'enregistrement, les officiers de police judiciaire, les agents de la force publique, les préposés des douanes, des contributions indirectes et ceux des octrois, sont autorisés à dresser, conformément aux articles 31 et 32 de la loi du 13 brumaire an VII. Il leur est attribué un quart des amendes recouvrées. — Les instances seront instruites et jugées selon les formes prescrites par l'article 76 de la loi du 28 avril 1816.

ART. 24. — Un règlement d'administration publique déterminera la forme et les conditions d'emploi des timbres mobiles créés en exécution de la présente loi. Toute infraction aux dispositions de ce règlement sera punie d'une amende de 20 francs. — Sont applicables à ces timbres les dispositions de l'article 21 de la loi du 11 juin 1859.

Sont considérés comme non timbrés : 1º les actes, pièces ou écrits sur lesquels le timbre mobile aurait été apposé sans l'accomplissement des conditions prescrites par le règlement d'administration publique, ou sur lesquels aurait été apposé un timbre ayant déjà servi; 2º les actes, pièces ou écrits sur lesquels un timbre aurait été apposé en dehors des cas prévus par l'article 18.

Décret du 27 novembre 1871,

Portant règlement d'Administration publique pour l'exécution de l'article 18 de la loi du 25 août 1871, relatif au timbre des quittances, reçus ou décharges.

1. Il est établi pour l'exécution de l'article 18 de la loi sus-visée un timbre mobile à 10 centimes conforme au modèle annexé au présent décret.

2. Le timbre mobile est apposé sur les quittances ou acquits donnés au pied des factures et mémoires, les quittances pures et simples, les reçus ou décharges de sommes, titres, valeurs ou objets et généralement sur tous les titres, de quelque nature qu'ils soient, *signés ou non signés*, et qui emporteraient libération, reçu ou décharge. — Ce timbre est collé et immédiatement oblitéré, par l'apposition, *à l'encre noire*, en travers du timbre, de la signature du créancier ou de celui qui donne reçu ou décharge, ainsi que de la date de l'oblitération. — Cette signature peut être remplacée par une griffe apposée *à l'encre grasse*, faisant connaître la résidence, le nom ou la raison sociale du créancier et la date de l'oblitération du timbre.

3. Les ordonnances, taxes, exécutoires et généralement tous mandats payables sur les caisses publiques; les bordereaux, quittances, reçus ou autres pièces, peuvent être revêtus du timbre à 10 centimes par les agents chargés du payement. Le timbre est oblitéré au moyen d'une griffe par ces agents, qui demeurent responsables des contraventions commises à raison des pièces acquittées à leur caisse.

4. Les sociétés, compagnies et particuliers qui, pour s'affranchir de l'obligation d'apposer et d'oblitérer les timbres mobiles, veulent soumettre au timbre à l'extraordinaire des formules imprimées pour quittances, reçus ou décharges, sont tenus de déposer ces formules et d'acquitter les droits (sauf la remise de 2 p. % accordée à titre de déchet) au bureau de l'enregistrement de leur résidence ou à celui qui sera désigné par l'administration, s'il existe plusieurs bureaux dans la même ville.

5. Les formules d'états de solde ou de payement, dits états *d'émargement;* les registres de factage ou de

camionnage et les autres documents pour lesquels il est dû un droit de timbre, par chaque payement excédant 10 francs ou par chaque objet reçu ou déposé, ne peuvent être timbrés à l'extraordinaire qu'autant que le droit à percevoir, par chaque page, correspondra à l'une des quotités des timbres de dimension en usage (0 fr. 60 c., 1 fr. 20 c., 1 fr. 80 c., 2 fr. 40 c. et 3 fr. 60 c.)·

6. Les billets de place délivrés par les Compagnies et entrepreneurs, et dont le prix excède 10 francs, peuvent, si la demande en est faite, n'être revêtus d'aucun timbre; mais les Compagnies et entrepreneurs sont tenus de se conformer au mode de justification et aux époques de payements déterminés par l'administration.

Nous nous bornerons maintenant, pour dissiper tous les doutes relativement à l'application de cette loi dont nous venons de donner le texte complet, à citer les exemples au sujet desquels sont intervenues des décisions judiciaires ou administratives depuis 1872.

On a vu que la loi frappe du timbre à 10 centimes :

1° Les quittances ou acquits des sommes d'argent ; 2° les reçus d'objets ou de marchandises.

Il s'agit de tous les acquits donnés au pied des factures et mémoires et toutes les quittances emportant libération intégrale ou partielle d'un acte fait sous signatures privées.

Elle ne distingue pas entre les quittances et acquits signés ou non signés.

La loi excepte les acquits inscrits sur les effets de commerce et les quittances notariées, car ces actes sont soumis à des droits proportionnels.

La loi excepte également les quittances de dix francs et au-dessous, à moins qu'il ne s'agisse d'un à-compte ou d'une quittance finale *sur une plus forte somme.*

Cette disposition de la loi mérite une attention toute spéciale. On croit généralement qu'il n'est pas nécessaire de mettre le timbre de 10 centimes lorsque la quittance porte sur une somme de 10 francs ou au dessous. Cela est vrai en principe, mais à la condition que le montant total de la facture, du mémoire ou de la dette ne soit pas supérieur à 10 francs.

Ainsi, une facture de 20 francs qui serait acquittée par le débiteur en vingt à-compte successifs, donnerait lieu à vingt timbres de 10 centimes. Une quittance indiquant le payement d'un à-compte de 1 franc sur des intérêts dont le total exigible serait supérieur à 10 francs, devrait porter un timbre de 10 centimes.

Les quittances délivrées par duplicata et spécialement les factures acquittées avec lesquelles il est délivré une quittance timbrée, sont assujetties au timbre. — (Senlis, 23 février 1876).

Le reçu délivré sur un carnet spécial, à un négociant, des marchandises par lui remises au chemin de fer, est exempt de timbre, pourvu qu'il soit révêtu du timbre humide de la gare expéditive. (Sol. Adm., 27 mars 1875).

Les bons délivrés par un industriel à un ouvrier qui a exécuté des travaux pour lui, ne sont passibles du timbre de 10 centimes, que quand ces bons constatent le paiement de salaire supérieur à 10 francs. — Mais les bons de livraison, constatant la remise d'objets à un tiers, sont assujettis à l'impôt. (Décis. min. fin., 24 février 1875).

La mention non signée inscrite par le créancier au dos d'un billet *non négociable* resté en sa possession et constatant le paiement d'intérêts supérieurs à 10 francs, est assujetti au timbre de 10 centimes. (Pontarlier, 22 avril 1875).

Le droit de timbre de 10 centimes n'est pas dû pour les reconnaissances de dépôt de titres de rentes destinés à être échangés, renouvelés, réunis, convertis ou régularisés; mais il est dû pour les reçus ou décharges donnés à l'occasion des achats ou des ventes de rentes sur l'Etat. (Déc., min. fin., 17 juillet 1874.)

L'acte contenant décharge de mandat au profit d'un mandataire, de toutes choses relatives au mandat, est assujetti au timbre de dimension et non pas au timbre spécial de 10 centimes. (Sol. adm., 4 décembre 1874).

Les quittances, même déclarées par duplicata, sont passibles du timbre de 10 centimes, quand elles s'appliquent à des sommes supérieures à 10 francs. (Lille. 16 décembre 1875).

Les lettres missives entre négociants doivent être revêtues du timbre de 10 centimes lorsqu'elles renferment des accusés de réception, reçus ou décharges. (Lettres du ministre des finances, du 27 novembre 1871).

Il en est de même des lettres missives entre particuliers, car, de même que le négociant, le particulier qui voudrait produire en justice une lettre emportant à son profit libération d'une dette ou énonçant un accusé de réception, serait condamné à l'amende si cette lettre ne portait un timbre régulièrement annulé par la signature.

Les bordereaux non signés remis aux Compagnies par le détenteur de coupons au porteur, pour en obtenir le paiement, sont soumis au timbre de 10 centimes. (Cass., 11 février 1874).

Les agents des postes n'ont pas le droit de constater les contraventions au timbre des quittances existant dans les cartes postales. (Circ. m. fin., 9 septembre 1873).

Le maître d'un hôtel est responsable d'une quittance donnée sans timbre par son employé. (Lyon, 11 février 1874).

Le mari commerçant est responsable de la contravention commise par sa femme, qui tient les écritures, en délivrant une quittance non timbrée. (Boulogne, 4 mars 1875.)

Un propriétaire est tenu des droits et amendes de timbre pour des quittances de loyer délivrées en son nom par son fils. (Lyon, 20 août 1875). — Le mandant est tenu pour le mandataire. (Castres, 1er février 1876).

Le directeur d'une société est responsable des amendes de timbre encourues par ses agents. (Rouen, 18 août 1875).

Le droit de timbre est dû au moment où le créancier remet au débiteur la quittance d'une somme supérieure à 10 francs; il importerait peu que cette quittance, contenant une erreur, ait été remplacée par une autre quittance régulièrement timbrée. (Seine, 25 juillet 1874.)

Les reçus délivrés au crédité par le créditeur, pour constater la remise des fonds sont passibles du droit de 10 centimes. (Sol. adm., 31 juillet 1874.)

La reconnaissance de dépôt de sommes payables à terme ou à vue, avec intérêts, délivrée par un banquier, est assujettie au *droit proportionnel*. (Sol. adm., 4 mai 1874.)

Est soumise au droit de 10 centimes, la lettre par laquelle une société accuse réception à une autre société, de coupons d'obligations dont les titres sont sortis au tirage. (Seine, 13 décembre 1873.)

- Les lettres ou autres écrits contenant l'accusé de réception d'un chèque, sont assujettis au droit de timbre de 10 centimes. (Sol., 21 août 1876.)

- Les écrits rédigés sous la forme de reçus purs et simples, constatant la remise de fonds en compte courant aux trésoriers-généraux, ne sont passibles que du droit de 0,10 centimes, à l'exclusion du droit proportionnel. (Déc. min., fin, 25 juin 1871.)

L'inscription faite sur un livret d'ouvrier et constatant que le patron a reçu les marchandises fabriquées par l'ouvrier, avec les matières premières à lui livrées, constitue une décharge d'objets au profit de l'ouvrier et doit être timbrée à 0,10 centimes. (Cambrai, 5 mars 1875) ; — (Cass, 25 janvier 1876.)

Est passible du droit de 0,10 centimes l'écrit, *non signé*, par lequel un avoué reconnaît que le greffier lui a remis un titre faisant partie du dossier d'un ordre. (Doullens, 3 décembre 1875.)

Le compte rendu à une compagnie d'assurances par son agent, et dans lequel il porte en dépense des remises et des frais de correspondance supérieurs à 10 francs, constate la libération de la compagnie si celle-ci a accepté le compte, et le compte doit être revêtu d'un timbre de 10 centimes. (Seine, 25 juillet 1874 ; Cass., 6 avril 1875.)

La lettre par laquelle un négociant reconnaît avoir reçu une marchandise dont il devient débiteur n'est pas un reçu d'objet assujetti au timbre. (Saint-Quentin, 3 et 5 février 1875.)

La quittance du prix de chaque course, supérieur à 10 francs, pour le port d'une dépêche télégraphique, est assujettie au timbre. (Déc. min. fin.; 16 juillet 1875.)

Lorsque le destinataire d'une marchandise ne réclame pas une quittance du prix du transport, le récépissé doit lui être remis sans acquit timbré.

Les tribunaux ont le droit d'apprécier si les quittances ont été portées à la connaissance des agents verbalisateurs à l'aide d'un moyen licite. (Beauvais, 10 août 1874.)

Les reçus d'effets de commerce remis en paiement d'une dette sont assujettis au droit de 10 centimes. (Amiens, 13 août 1875.)

La quittance d'une somme inférieure à 10 francs est passible du timbre, si elle établit que cette somme est le solde d'une plus forte dont le surplus a été imputé sur la part du débiteur dans le fonds de réserve de la société. (Rouen, 18 août 1875.)

FACTURES.

Est passible du timbre de 10 centimes :

1° La facture non signée qui mentionne la restitution d'objets prêtés et le paiement d'un à-compte même inférieur à 10 francs. (Roanne, 10 décembre 1873);

2° Celle qui mentionne la remise d'objets prêtés et qui renferme la déduction d'une somme due antérieurement. (Charleville, 26 décembre 1873; (Péronne, 21 juin 1875).

Lorsqu'une facture rédigée sur un imprimé portant le nom commercial du vendeur est revêtue, au pied, d'une estampille portant une date différente de celle de la livraison et reproduisant la mention du nom commercial du créancier, il y a lieu de considérer ces signes comme destinés à remplacer l'acquit, alors que la facture est saisie au domicile du débiteur et que le créancier ne dénie pas le fait du paiement de la facture. (Annonay, 4 août 1874).

Est passible du droit de 10 centimes, la facture indiquant le nom de l'acheteur, le poids et le prix de la marchandise, et souscrite des mots : *pour acquit*, sous-lesquels se trouve l'estampille du vendeur. (Toulon, 26 août 1875).

La facture, supérieure à 10 francs, saisie entre les mains du débiteur et contenant la mention, même non signée, inscrite par le créancier ou par son représentant, du paiement d'un à-compte, doit 10 centimes. (Arbois, 2 février 1876).

Lorsqu'il est énoncé dans une facture supérieure à 10 francs, qu'il y a lieu de déduire du total une somme représentant des avances faites par le débiteur en l'acquit du créancier, cette mention a un caractère libératoire et le droit de timbre est exigible, sans qu'il y ait à examiner si l'indication avait en vue l'établissement d'un compte à dresser entre les parties. (Péronne, 11 décembre 1874. — Abbeville, 2 août 1876).

L'acquit apposé par le créancier au pied d'une facture réglée en billets, a une valeur légale qui suffit pour justifier l'application de la loi du 23 août 1871 sur le timbre des quittances. (Seine, 24 avril 1875).

Le règlement d'une facture en effets remis au créancier a le caractère d'une quittance tombant sous l'application de la loi du 23 août 1871. (Seine, 24 avril 1875).

Celui qui a dénoncé, par malice et avec intention

de nuire, une contravention au timbre des quittances peut être condamné, à titre de dommages-intérêts, à rembourser au créancier l'amende, le droit et les frais que ce dernier a dû acquitter au Trésor. (Tourcoing, Paix, 25 août 1876).

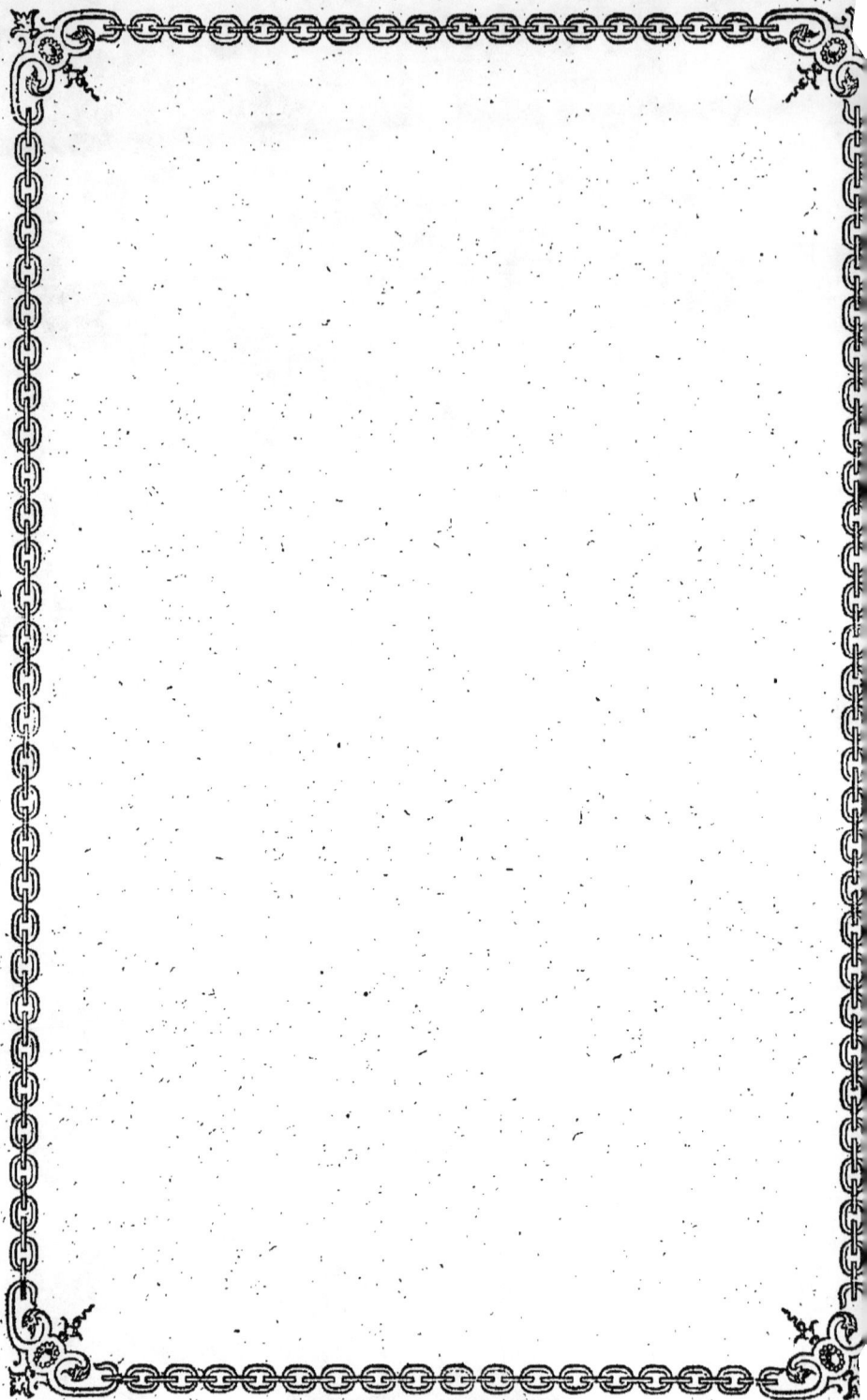

Limoges, typ. Chatras et Cie

www.ingramcontent.com/pod-product-compliance
Lightning Source LLC
Chambersburg PA
CBHW050449210326
41520CB00019B/6133